천년의 학을 품은 고려청자

처음부터 제대로 배우는 한국사 그림책 20

천년의 학을 품은 고려청자_고려청자가 들려주는 고려 시대 문화 이야기

초판 1쇄 발행 2022년 4월 15일
초판 2쇄 발행 2022년 11월 23일

글 김해등
그림 정인성·천복주

펴낸곳 도서출판 개암나무(주)
펴낸이 김보경
경영관리 총괄 김수현   **경영관리** 배정은
편집 조원선 오누리   **디자인** 김효정   **마케팅** 강혜수 박진호
출판등록 2006년 6월 16일 제22-2944호

주소 서울특별시 용산구 한남대로40길 19, 4층(한남동, JD빌딩) (우)04417
전화 (02)6254-0601, 6207-0603   **팩스** (02)6254-0602   **E-mail** gaeam@gaeamnamu.co.kr
개암나무 블로그 http://blog.naver.com/gaeamnamu   **개암나무 카페** http://cafe.naver.com/gaeam

© 김해등, 정인성, 천복주, 2022
이 책의 저작권은 저자에게 있습니다. 저자와 출판사의 허락 없이 내용의 일부를 인용하거나 발췌하는 것을 금합니다.

ISBN 978-89-6830-701-0 74900
ISBN 978-89-6830-122-3 (세트)

품명 아동 도서 | **제조년월** 2022년 11월 23일 | **사용연령** 10세 이상
제조자명 개암나무(주) | **제조국명** 대한민국 | **전화번호** 02-6254-0601
주소 서울특별시 용산구 한남대로40길 19, 4층(한남동, JD빌딩)

천년의 학을 품은 고려청자

고려청자가 들려주는
고려 시대 문화 이야기

김해등 글
정인성 · 천복주 그림

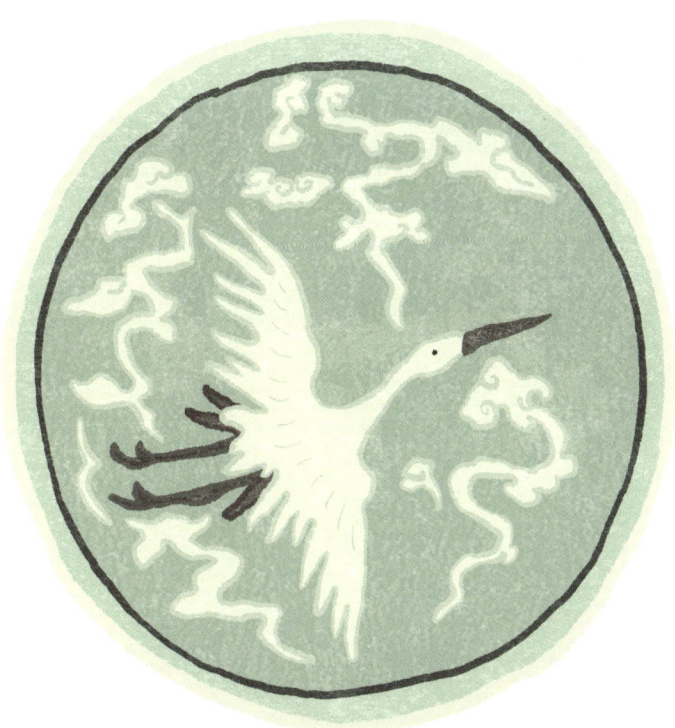

개암나무

나무를 베어 남산이 빨갛게 되었고
불을 피워 연기가 해를 가렸지
푸른 자기 술잔을 구워 내
열에서 우수한 하나를 골랐구나
선명하게 푸른 옥빛이 나니
몇 번이나 매연 속에 파묻혔었나
영롱하기는 수정처럼 맑고
단단하기는 돌과 맞먹네
이제 알겠네 술잔 만든 솜씨는
하늘의 조화를 빌려 왔나 보구려
가늘게 꽃무늬를 놓았는데
묘하게 화가의 솜씨와 같구나

- 이규보 『동국이상국전집』 제8권 고율시 중에서

안녕? 난 한 마리 우아한 학이야.
두 다리를 길게 뻗고 날개를 크게 펼치면
하늘 끝까지 날아오를 수 있어.
가고 싶은 곳은 어디든 자유롭게 날아갈 수 있지.
아무한테나 함부로덤부로 알려 주지 않는 건데,
난 과거로 시간 여행을 다녀올 수 있는 능력이 있어.
내가 누군지 알고 싶다고?

나는 간송 미술관에 소장된
'청자 상감 운학문 매병'에 새겨진 수많은 학 중의 한 마리야.
가끔 전시를 열어 사람들에게 내 모습을 보여 주곤 하지.
맨 위쪽에서 고개를 높이 치켜들고
금방이라도 뛰쳐나가 솟아오를 것만 같은 학!
그게 바로 나야!

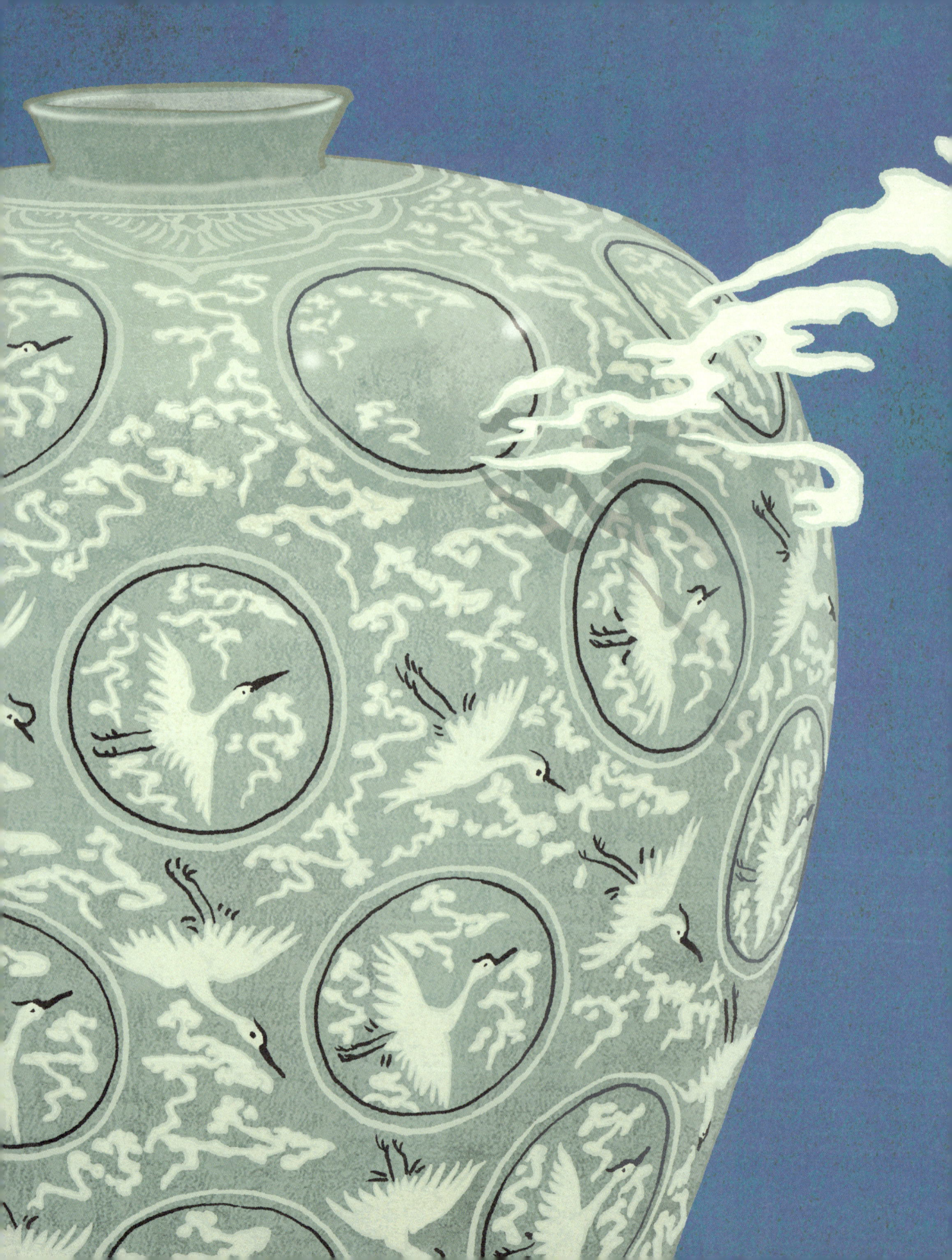

눈이 부실 정도로 우아하지?
사람들은 날 보자마자 감탄하곤 했어.
잘 알다시피 난 고려 시대 때 탄생했어.
무려 천 년이 넘도록 온갖 우러름을 받고 살아온 셈이지.
하지만 사람들이 내 겉모습만 우러러본 건 아니야.
"진정한 아름다움은 겉이 아니라 내면에 있다."
이런 말 들어 봤지?
내 우아함도 겉이 아니라 내가 살아온 삶에서 찾을 수 있어.
아까 내가 은밀하게 말해 준 게 있지?
과거로 시간 여행을 다녀올 수 있는 능력이 있다고.
내 진정한 아름다움을 제대로 알려 주고 싶어.
그럼, 고려로 출발해 볼까?

저기 아래 보이는 곳이 개경이야!
고려를 세운 왕건은 개경을 수도로 삼았어.
예성강과 임진강 그리고 한강이 합쳐진 물줄기가
서해로 흐르고 있어.
바다와 가까워 외국과 교류하기 좋은 입지지.

태조 왕건은 고려를 건국한 후 호족*을 품기 위해
그들에게 높은 관직을 주었어.
그중 몇몇은 중앙으로 진출했고, 이후 문벌 귀족이 되었어.
남은 호족들은 지방에 자리를 잡고 향리*로 생활했지.

호족 통일 신라 말기·고려 초기에 지방에서 성장하여 고려를 건국하는 데 이바지한 정치 세력.
향리 고려·조선 시대에 있었던 대를 이어 가질 수 있는 직업으로, 관아의 벼슬아치 밑에서 일을 보던 사람을 말함.

개경에는 자그마치 30만여 명이 넘는 백성들이 살았어.
고려는 온 세상을 향해 활짝 열려 있었어.
외국 사람들이 자유롭게 드나들 수 있었고,
남자 여자 가리고 따지지 않는 평등한 나라였지.

태조 왕건이 불교를 국교로 삼은 이래로,
고려에서는 오랫동안 불교가 번성했어.
백성들은 불교 외에 도교, 산신 신앙, 풍수지리 등
다양한 종교들도 존중하고 받아들였지.

궁에서는 팔관회가 열리고 있어.
어쩐지 개경이 유난히 시끌벅적하더라니.
팔관회는 고려가 건국된 이후부터
멸망할 때까지 계속됐어.
이날에는 토속신에게 제사를 올리며 왕실의 안녕을 빌어.
외국 사신과 상인들을 초대하여 교류도 하지.
사신들은 왕에게 바칠 다양한 특산물을 가지고 와.
백성들 또한 춤과 노래를 구경하며 팔관회를 즐겼어.

고려의 상업은 개경에 있는 시전을 중심으로 발달했어.

시전은 지금의 시장 같은 곳이야.

시전의 가게들 중 국가에서 운영하는 곳을 관영 상점이라고 불러.

이곳에서는 책, 약, 술, 차 등을 팔았어.

시간이 지나면서 왕실과 귀족들은 값비싼 물품에 관심을 가졌어.

옷, 신발, 비녀, 그릇 등 종류도 다양했지.

자기를 찾는 일도 빈번했어.

어쩌면 귀족들 때문에 고려청자가 발전했는지도 몰라.

고려를 제대로 알려면 반드시 가 봐야 할 곳이 있어.
바로 국제 무역항인 '벽란도'야.
개경에서 아주 가까운 곳에 있는데
서문으로 나가서 서쪽으로 30리쯤 떨어진
예성강 아래쪽에 자리 잡고 있어.
저기 좀 봐!
많은 배들이 항구를 드나들고 있어.
벽란도라는 이름은 외국 사신들을 맞이했던 숙소인
벽란정에서 유래되었다고 해.

리 거리의 단위. 1리는 약 0.393km에 해당함.

아라비아 상인들은 어디에 있으나 눈에 확 띈단 말이야.
그들은 수은이나 향료, 산호를 가져오곤 해.
송나라 상인들은 비단과 약재 그리고 요긴한 책들을 들여와.
일본 상인들은 수은, 유황 등의 토산품을 가져오지.
거란과 여진 상인들은 은이나 모피,
큰 말까지 들여왔어.

저기, 고려 상인이 인삼을 비롯해
먹과 종이 그리고 화문석 같은 돗자리를 파네.
"인삼은 더 없소? 이번에도 금방 동났네."
고려 인삼이 몸에 좋다는 소문이 멀리까지 퍼졌나 봐.
어때? 왜 벽란도가 국제 무역항인지 알겠지?
'코리아'라는 우리나라의 또 다른 이름도
바로 여기 벽란도에서 시작됐단다.

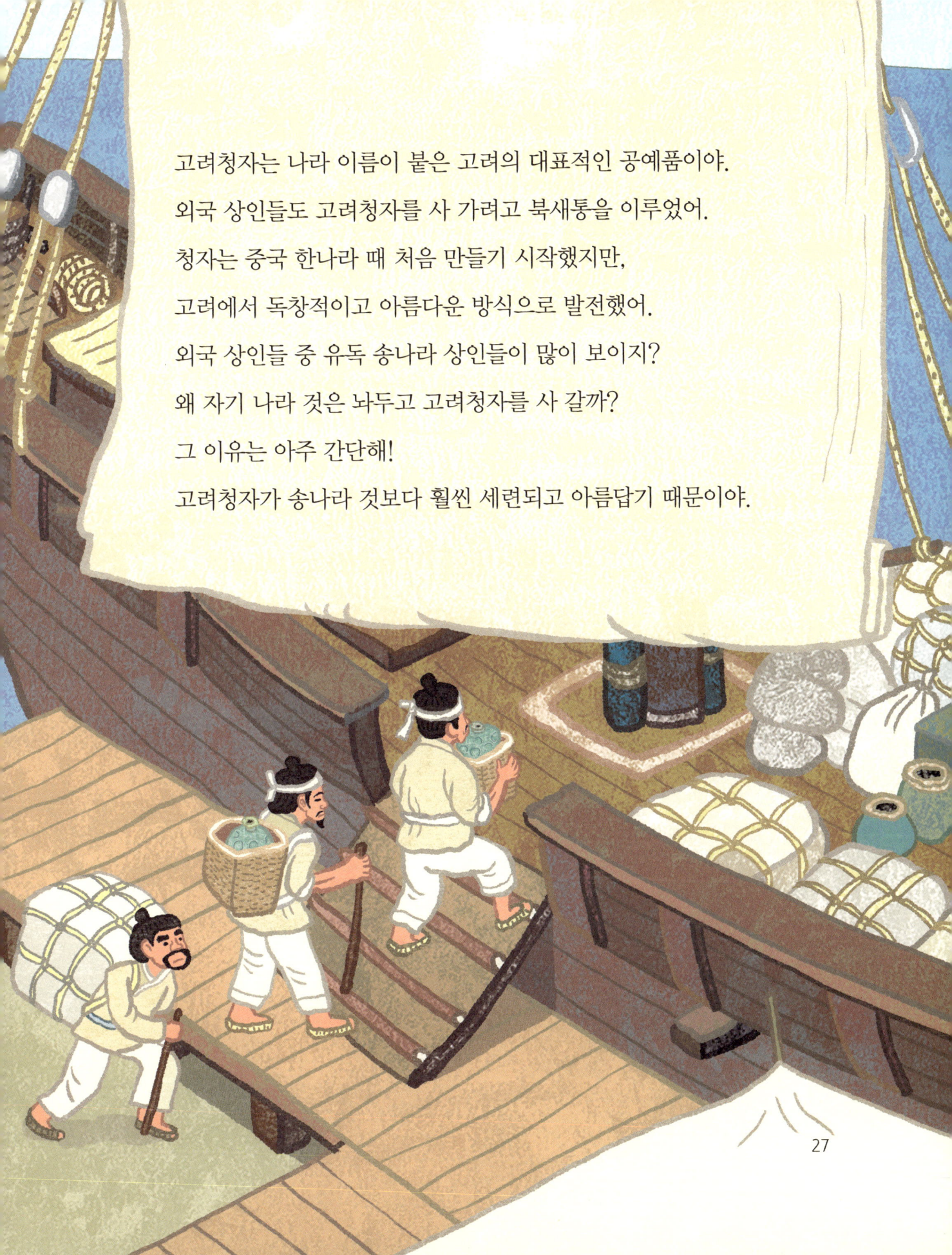

고려청자는 나라 이름이 붙은 고려의 대표적인 공예품이야.
외국 상인들도 고려청자를 사 가려고 북새통을 이루었어.
청자는 중국 한나라 때 처음 만들기 시작했지만,
고려에서 독창적이고 아름다운 방식으로 발전했어.
외국 상인들 중 유독 송나라 상인들이 많이 보이지?
왜 자기 나라 것은 놔두고 고려청자를 사 갈까?
그 이유는 아주 간단해!
고려청자가 송나라 것보다 훨씬 세련되고 아름답기 때문이야.

고려 중기가 되자, 문벌 귀족이 고려를 지배하게 되었어.

그들은 왕도 함부로 못할 정도로 기세등등했어.

자식들은 과거를 보지 않고도 관직에 오를 수 있었고,

국가로부터 받은 토지를 물려주어 대대손손 권세를 누렸지.

백성들에게 높은 이자를 받고 돈을 빌려주고 나서,

갚지 못하면 땅과 집을 빼앗거나 노비로 삼기도 했어.

백성들은 도망치다시피 산과 들로 떠돌아다녔고,

세금을 내는 백성들이 줄어드니 나라 곳간은 텅텅 비어 갔어.

전쟁터에 나가 나라를 위해 싸우는 무신들의 불만도 점점 커졌어.

높은 관직은 죄다 문벌 귀족들이 독차지해 버렸거든.

심지어 녹봉조차 받지 못하는 무신들도 생겨났다니까.

녹봉 나랏일을 보는 사람에게 1년 또는 계절 단위로 나누어 주던 금품.

결국 곪았던 게 터져 버렸어.

무신이었던 정중부가 참다못해 반란을 일으켰어.

문신들을 모조리 죽이고 의종을 거제도로 유배시켜 버렸지.

'무신 정변'이 일어난 거야.

무신 정변 1170년 고려 의종 때 정중부와 무신들이 일으킨 난.

그런데 정권이 바뀌었다고 나라가 살기 좋아졌을까?
그렇지 않았어.
권력을 잡은 무신들도 자신들의 배를 채우기에 바빴어.
굶주린 백성들은 죽는 게 낫겠다는 생각뿐이었단다.

고려가 이렇게 요동치는데 뭐든 무사했겠니?
고려청자도 고려와 흥망성쇠를 함께했어.
처음엔 송나라의 청자를 베끼듯 했지만 이후
독자적인 비취°처럼 푸른빛을 내는 유약°을 개발했어.

비취 투명체로 된 질은 푸른색의 윤이 나는 구슬. 보석으로 장신구에 쓴다.
유약 도자기의 몸에 덧씌우는 약. 도자기에 액체나 기체가 스며들지 못하게 하며 겉면에 광택이 나게 한다.

상감 기법도 고려 청자의 독특함을 더해 줘.
상감 기법은 그림을 새겨 파내고 그 부분을
하얀 흙이나 붉은 흙으로 메워 불에 굽는 방식이야.
이렇게 상감 기법과 푸른빛 유약이 어우러져
고려만의 독특한 청자가 탄생했단다.

고려청자 탄생의 일등 공신은 귀족들이야.
귀족들이 사치를 좋아한다고 했지?
처음에 청자는 생활용품으로 만들어졌지만,
고려 중기에 귀족 문화가 발달하면서 사치품의 의미가 더 커졌어.
정교하고 화려한 예술품으로 변모하더니
끝내는 중국을 뛰어넘는 고려만의 청자로 발전하게 된 거야.

변모 모양이나 모습이 달라지거나 바뀜.

"고려 비색 천하제일!"
송나라 사람들은 혀를 내두르며 놀라워했어.
나라 이름을 붙여 '고려청자'라고 부른 것도,
고려만의 독창적인 예술품이었기 때문이지.

내가 태어났던 곳,
강진으로 날아가 볼까?
저기 청자를 만드는 가마가 보일 거야.
옹고집으로 소문난 사기장이 불을 살피고 있어.
옹고집은 작품이 맘에 들지 않으면 가차 없이 깨 버려서 붙은 별명이야.
깨진 청자들이 쌓여 있는 것 좀 봐.
모두 옹고집 사기장이 깨트린 청자 조각들이야.

"청자와 무늬가 한 몸처럼 살아 숨 쉬게 할 수는 없을까?"
사기장은 중얼거렸어.
"그래! 나전 칠기처럼 무늬를 새겨 넣어서 굽는 거야!"
옹고집 사기장은 거침없이 매끄러운 곡선의 청자를 빚었어.
말린 청자에 조각칼로 나를 새겨 넣고는
하얀 흙과 붉은 흙을 발랐지.
나는 유약을 둘러쓰고,
활활 타오르는 가마 속으로 들어간 거야.

섭씨 1,200도로 활활 타올랐던 가마가 식었어.

가마가 열리고,

옹고집 사기장은 내가 새겨진 청자를 조심스럽게 꺼냈어.

"오! 세상에 둘도 없는 명품이야."

"혼이 담겨 있는 것 같아!"

여러 도공들이 환호성을 지르며 감탄했어.

"저 푸른 빛깔 좀 봐!"

비취를 닮은 푸른빛은 정말 아름다워.

매병 모양은 또 어떻고?

어깨를 타고 허리로 내려가는 곡선은 참으로 우아해.

나와 함께 매병에 새겨진 수많은 학들이

저마다 날개를 펼치고 구름 사이를 날고 있어.

모두 나처럼 자유롭게 하늘을 훨훨 날아가고 싶을 거야.

도공 그릇 등을 만드는 일을 직업으로 하는 사람.

세상에 영원한 것이란 없는가 봐.
고려 말이 되자 왜구들이 침략해 약탈을 일삼기 시작했어.
엎친 데 덮친다고 몽골까지 쳐들어왔어.
온 나라는 쑥대밭이 돼 버렸고,
가마터들도 폐허로 변했어.
청자를 빚던 장인들은 죄다 죽거나 끌려갔어.
옹고집 사기장도 더는 버티지 못하고
가마를 떠나 피난길에 올랐지.
벽란도마저 장사꾼들의 발길이 뚝 끊어져 버렸어.
나라가 어지럽다 보니 청자와 같은 예술품도 변해 갔어.
기품이 사라지고 조잡한 작품들이 난무했지.
우아한 곡선의 아름다운 청자는 온데간데없고
투박한 모양으로 볼품없게 변해 버렸단다.

고려는 극심한 변화를 거쳤어.

문벌 귀족의 뒤를 이어 정세를 잡았던

무신들의 정권은 오랫동안 지속됐어.

그러다 몽골이 세운 원나라의 간섭이 시작되었고

새로이 등장한 권문 세족*이 정권을 잡게 됐지.

새로운 세력이 등장했음에도 나라는 점점 온갖 폐단으로 살기 어려워졌어.

보다 못한 또 다른 새로운 정치 세력이 썩어 빠진 고려를 바꾸려 했어.

신진 사대부*는 이성계와 손을 잡고

성리학*을 앞세워 나라를 세웠어.

결국 새로운 나라, 조선이 들어섰단다.

성리학을 따르던 조선의 초기 예술품들은

검소함과 단순함을 추구했어.

화려했던 고려청자가 명맥을 잃어 간 이유이기도 해.

권문 세족 벼슬이 높고 권세가 있는 집안. 고려 시대의 권문 세족은 원나라와 손을 잡고 권세를 누린 정치 세력을 뜻한다.
신진 사대부 고려 말에 등장한 정치 세력. 지방의 향리·중소 지주 출신으로, 유교를 바탕으로 과거를 통해 중앙 관리로 진출했다.
성리학 중국 송나라·명나라 때에 집대성한 유학의 한 갈래. 사물의 이치 연구를 중시했으며 학문의 올바른 실천을 강조했다.

어느 날 난 땅속에 묻혔어.

몇 백 년을 갇혀 지내면서,

나는 내가 그려진 매병이 어느 한 사람의 소유물이 아닌,

온 나라 사람들이 아끼고 우러르는 보물이 되길 바랐어.

그러던 어느 날 누군가가 쇠꼬챙이로 잠든 날 톡톡 건드렸어.

일본에게 나라를 빼앗긴 일제 강점기 때였지.

그들은 도굴꾼 들이었어.

내가 새겨진 매병은 어느 거간꾼에게 넘겨졌어.

거간꾼은 치과 의사에게 팔았고.

치과 의사는 다시 일본인 골동품상에게 팔아 버렸어.

그때 난 얼마나 비참했는지 몰라.

이리 팔리고 저리 팔려 가는 천덕꾸러기 신세였지.

끝내는 조선 총독부 박물관이 10,000원에 사겠다고 나섰어.

10,000원은 기와집 열 채를 사고도 남는 큰돈이었어.

도굴꾼 고분 따위를 도굴하여 매장물을 파내는 것을 전문적으로 하는 사람.

내 소문은 간송 전형필의 귀에도 들어갔어.
간송은 전 재산을 바쳐 우리 문화재를 되찾고 있던 터라,
당장 골동품상을 찾아갔어.
간송은 날 보자마자 속으로 수없이 되뇌었어.
'저 매병을 지키지 못하면,
고려를 통째로 일본에게 넘긴 거나 다름없어.'
간송은 속내를 감추고 골동품상에게 넌지시 가격을 물었어.
"가격을 매길 수 없는 보물이지만…… 20,000원 정도는 돼야……."
"나에게 파시오!"
간송은 골동품상의 말이 채 끝나기도 전에 결정해 버렸어.
간송은 지켜야 할 문화재 앞에서는 값을 따지지 않았어.
턱없이 높은 가격을 불렀던 상인은 얼떨결에 나를 간송에게 넘겼어.
난 그제야 안도의 한숨을 내쉬었단다.

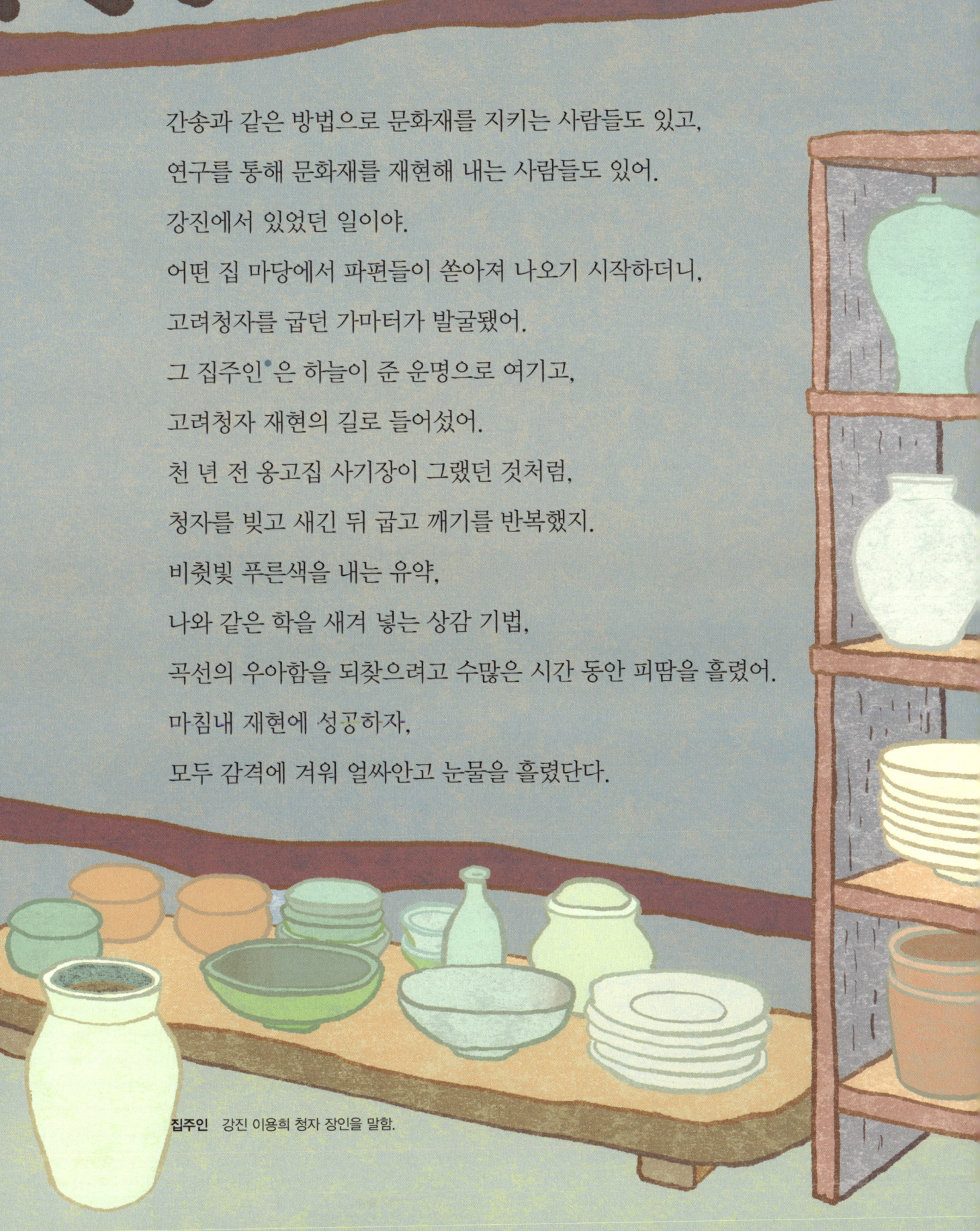

간송과 같은 방법으로 문화재를 지키는 사람들도 있고,
연구를 통해 문화재를 재현해 내는 사람들도 있어.
강진에서 있었던 일이야.
어떤 집 마당에서 파편들이 쏟아져 나오기 시작하더니,
고려청자를 굽던 가마터가 발굴됐어.
그 집주인*은 하늘이 준 운명으로 여기고,
고려청자 재현의 길로 들어섰어.
천 년 전 옹고집 사기장이 그랬던 것처럼,
청자를 빚고 새긴 뒤 굽고 깨기를 반복했지.
비췻빛 푸른색을 내는 유약,
나와 같은 학을 새겨 넣는 상감 기법,
곡선의 우아함을 되찾으려고 수많은 시간 동안 피땀을 흘렸어.
마침내 재현에 성공하자,
모두 감격에 겨워 얼싸안고 눈물을 흘렸단다.

집주인 강진 이용희 청자 장인을 말함.

'문화 보국!'
이 말은 문화로 나라를 지킨다는 뜻이야.
왜 이렇게 문화재를 지키려고 온 힘을 쏟았냐고?
문화재는 값으로 따질 수 없는 가치가 있어.
만약 간송 전형필이 없었다면,
난 다른 나라를 떠도는 신세였을 거야.
아마 고려의 정신을 잃어버린 것처럼,
우리나라는 얼빠진 허깨비가 됐을 수도 있지.

고려청자 이외에도 우리의 자랑스러운 문화유산에는
나전 칠기 같은 목공예품과 은입사 정병 같은 금속 공예품도 있고,
탈춤과 고싸움 같은 놀이나, 판소리 같은 노래도 있어.
모두 문화로 나라를 지키는 가치 있는 일을 한단다.

오늘은 나에게 아주 의미 깊은 여행이었어.

어느 장인이 날 만들었지만,

수많은 사람들의 시간이 배어든 역사가 날 빚었다고 할 수 있어.

사람들이 아끼고 우러르는 보물이 되었으면 하는

내 오랜 바람이 이뤄진 거지.

나는 앞으로도 나를 보러 온 사람들에게

우리 역사와 문화를 알려 줄 거야.

그래야 내 몸속에 깃든 참된 가치를 깨달을 거 아냐?

아, 졸음이 한꺼번에 몰려오네.

내일을 위해 잠시만 날개를 접고 깊은 잠에 빠져야겠어.

헤어지기 전에 우리 한 가지만 약속해.

문화가 나라를 지킨다는

'문화 보국'이란 말은 절대 잊지 않기로 말이야!

고려청자가 들려주는
고려 시대의 문화 이야기

빼어난 기술력이 돋보이는 고려청자는 전 세계적으로 사랑받은 우리 문화재예요. 천 년의 시간을 뛰어넘어 지금까지 전해지고 있는 고려청자의 아름다움과 함께 고려에 대해 자세히 알아볼까요?

고려청자는 무엇일까요?

고려청자는 고려 시대에 만들어진 푸른빛의 자기를 통틀어 일컫는 말로, 우리 선조들의 높은 과학 기술과 예술혼이 고스란히 담긴 고려 시대를 대표하는 문화유산이에요. 그릇 표면에 입힌 유약의 푸른빛 때문에 청자라는 이름이 붙었는데, 청자의 색은 제작 기술과 환경에 따라 다양하게 나타나요. 가장 잘 만들어진 청자의 색은 비취와 색이 비슷하여 '비색'이라고 불렀어요. 처음으로 청자를 만들기 시작했던 중국인들도 고려청자의 아름다움을 보고 칭송했어요.

고려청자 중의 으뜸은 '청자 상감 운학문 매병'이에요. 운학문은 구름과 학을 새기거나 그린 무늬를 말하고, 매병은 입구가 좁고 어깨는 넓은데 밑이 홀쭉한 병을 뜻해요. 하늘을 향해 나는 원 안의 학과 내려가는 원 밖의 학, 그리고 구름을 상감 기법으로 조화롭게 표현했어요. 유연하고 세련된 아름다움이 한데 모인 고려청자의 대표작이라고 할 수 있어요.

청자 상감 운학문 매병

상감 청자는 어떻게 만들까요?

1. 반죽하기
불순물을 최대한 없앤 좋은 흙에 물을 섞어 반죽해요. 그런 다음 반죽 안에 공기가 남지 않도록 발로 꾹꾹 밟아요. 대충 밟으면 부풀어 올라 좋은 청자를 만들 수 없어요.

2. 모양 만들기
반죽을 물레에 얹고 발로 물레를 돌려 가며 원하는 그릇 모양을 만들어요. 도공들은 이 작업을 '물레를 찬다.'라고 해요. 힘 조절을 아주 잘해야 모양이 찌그러지지 않아요.

3. 무늬 새기기와 칠하기
그릇이 어느 정도 마르면 겉을 고르게 하고 그리고 싶은 무늬를 그린 뒤, 조각칼로 무늬를 파낸 다음 흰 흙을 바르고 정리해요.

4. 다시 한번 무늬 새기고 칠하기

다시 무늬를 파고 붉은 흙을 새겨진 무늬에 칠한 다음 무늬 주변을 정리해요. 이 과정을 상감 기법이라고 해요. 상감 기법을 적용해 고려만의 독창적인 고려청자가 탄생한 거예요.

5. 말리기

상감 기법으로 무늬를 새긴 그릇을 그늘에서 잘 말려요. 잘 말리지 않으면 가마에 들어가서 터지거나 찌그러지거나 우둘투둘 기포가 생겨서 쉽게 깨져요.

6. 초벌구이

말린 그릇을 가마에 넣고 구워요. 처음 굽는다 하여 '초벌구이'라고 해요. 이때 가마 안의 온도는 800도예요. 다 굽고 나면 그릇을 가마 안에 둔 채로 4~5일간 식혀요.

7. 유약 바르기

고려청자의 독특한 비색을 만드는 과정이에요. 초벌구이가 된 그릇을 유약 물이 든 통에 넣어 골고루 둘러야 해요. 푸른 비색은 유약에 들어 있는 철 성분에 따라 조금씩 다른데, 도공들은 저마다 비법을 연구하여 유약을 만들어요.

8. 두벌구이

유약을 바른 그릇을 가마에 넣고 다시 구워요. 가마 안의 온도는 무려 1,200~1,300도예요. 온도가 최고로 높을 때쯤 가마의 불구멍을 꽁꽁 틀어막아요. 그러면 뜨거운 열기가 그릇 안의 산소까지 태우면서 푸른빛이 나타나죠. 5~6일이 지난 뒤 가마가 식으면 그릇을 꺼내요.

9. 그릇 고르기

가마에서 꺼낸 그릇들을 일일이 확인해요. 도공의 마음에 찬 그릇은 남기고, 흠이 보이는 그릇은 모조리 깨트려 없애요.

고려청자의 산실, 강진

고려청자가 세계 최고의 예술품이 된 중요한 세 가지 요소가 있어요. 바로 흙과 불, 인간이에요. 이 세 가지가 가장 잘 어우러진 곳이 바로 강진이에요.

청자는 철분이 적당히 섞여 있는 하얀 고령토로 만드는 게 좋아요. 또 가마를 지필 수 있는 나무를 쉽게 구할 수 있어야 해요. 청자를 잘 빚는 도공들도 있어야 하고요. 강진에는 장보고가 활동했던 완도와 가까워서 통일 신라 때부터 여러 나라의 새로운 기술을 받아들이기 쉬운 조건이었어요. 게다가 일찍부터 도공들이 활동하고 있어서 기술이 쉽게 발전할 수 있었지요.

여기에 더해 완성된 청자를 운송하는 교통로도 잘 갖춰져야 해요. 그 당시에는 잘 닦이지 않은 육로보다 곧바로 개경까지 다다를 수 있는 바닷길을 많이 이용했어요. 강진은 바닷가 마을이어서 고려청자를 개경까지 운송하기 아주 편리했어요.

강진 대구면 일대에서는 땅만 파면 깨진 청자 조각들이 나왔어요. 밭을 일구다가도, 논을 갈다가도, 집을 짓다가도 나왔죠. 일제 강점기 때 처음 발굴을 시작했는데, 이때 발견된 가마터만 무려 100여 개나 됐어요. 현재까지 알려진 가마터는 약 180여 개로 이전보다 늘어났어요. 강진의 대구면 일대는 사적*으로 지정되었어요. 고려청자와 고려를 연구하는 데

강진 고려청자 박물관 전경

강진 대구면 가마터

에 중요한 곳이기 때문이에요.

　강진군은 이를 계승하기 위해 고려청자 박물관을 지어 고려청자의 예술적 가치와 의미를 지키고 있어요. 유물 전시뿐 아니라 청자를 직접 만드는 체험 등도 가능하다고 합니다.

사적　국가가 법으로 지정한 문화재.

고려의 불교 행사는 어떤 것이 있었나요?

태조 왕건은 고려를 세운 후 백성들을 통합하고자 불교 관련 행사를 열었어요. 그중 팔관회와 연등회는 고려의 대표적인 행사였어요. 《훈요십조》에는 팔관회와 연등회에 대한 기록이 상세히 남아 있어요.

팔관회는 매년 10월에 서경에서, 11월에는 수도인 개경에서 개최되었어요. 팔관회가 열리는 3일 동안은 공휴일이었지요. 사람들은 나라의 평안함을 빌며 춤과 노래를 즐겼죠. 불교와 전통 신앙을 한자리에 모아 놓은 팔관회는 추수 감사절과 같은 의미를 띤 문화 축제의 장이 되었어요. 외국 사신들까지 참여했으니까 얼마나 큰 행사였는지 짐작이 가죠? 하지만 재상 최승로의 건의로 고려 성종 때 잠시 폐지되었고 점차 사라져 갔어요.

또 다른 대표적인 행사인 연등회는 음력 정월 보름에 열렸어요. 연등회가 열리는 날에 사람들은 부처님께 소원을 빌면서 등불을 밝히고 잔치를 열었어요. 불교가 우리나라에 들어온 후 연등회는 통일 신라와 고려 시대를 거치면서 궁중과 서민 모두를 아우르는 중요한 문화 행사로 자리 잡았어요. 조선 시대 때는 국교가 바뀌어 불교와 관련된 행사가 많이 축소되었지만 연등회만은 민속 행사로 이어졌죠.

훈요십조 고려 태조가 후손에 전한 정치 지침서로, 불교 신앙과 풍수지리 사상의 내용으로 이루어졌다.

연등회는 지금까지 이어져 2012년 국가 무형 문화재 제122호로 지정되었고 2020년에는 유네스코 인류 무형 문화유산 대표 목록에 등재되었어요.

연등회

고려 시대의 문화재에는 어떤 것들이 있을까요?

고려는 외침과 잦은 봉기로 혼란스러웠지만 그 속에서도 독창적이고 특색 있는 문화재를 남겼어요. 고려청자 이외에 어떤 문화재가 있는지 살펴볼까요?

청동 은입사 물가풍경 무늬 정병
(청동 은입사 포류수금문 정병)

청동 은입사 물가풍경 무늬 정병
(청동 은입사 포류수금문 정병)

표면에 홈을 파서 정교하게 은실을 넣은 (은입사) 청동 재질의 병이에요. 버드나무가 늘어진 언덕에 오리와 기러기가 날아가거나 헤엄치는 풍경이 담겨 있어요. 안정감 있고 유려한 곡선미를 보여 주며, 고려 시대에 크게 발달된 입사 기법이 돋보여요. 국보 제92호예요.

나전 경함

나전은 조개껍데기를 여러 모양으로 얇게 썰어 낸 조각(자개)으로 장식하는 공예 기법이에요. 옻칠한 나무로 만든 그릇이나 가구에 나전을 붙여 장식한 공예품이 나전 칠기예요. 종이, 인삼과 함께 송나라에 활발히 수출되기도 했어요.

나전 경함

관촉사 석조 미륵보살 입상

우리나라의 석조 불상 중에서 가장 큰 크기를 자랑하는 불상이에요. 불상의 크기는 무려 18m에 달해요. 몸에 비해 머리와 손발이 훨씬 큰 편이어서 전체적인 비례가 맞지 않지만, 독창적인 미의식을 드러낸 대표적인 고려의 불상으로, 고려 초기에 만들어진 것으로 추정하고 있어요. 2018년에 국보 제323호로 지정되었답니다.

관촉사 석조 미륵보살 입상

제왕운기

고려 문신 이승휴가 지은 목판본 역사서예요. 상·하권으로 상권은 중국, 하권은 단군과 신라, 백제, 고구려 그리고 고려의 역사를 다루고 있어요. 발해를 우리 역사 속에 편입한 최초의 역사서로서 높은 평가를 받고 있어요.

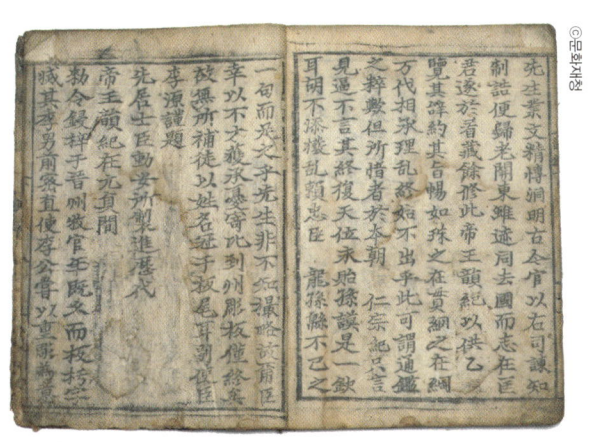

제왕운기

고려의 대외 무역을 자세히 알아보아요

고려 시대의 도공들은 상감 기법과 푸른색의 유약을 적용해 세계 최고의 고려청자를 만들어 냈어요. 중국에서 시작된 청자가 고려만의 빼어난 기술로 절정을 누리고 많은 사랑을 받을 수 있었던 이유는 고려가 다른 나라들과 활발하게 무역을 했기 때문에 가능한 일이었어요.

고려 이전에도 외국과의 무역은 빈번했어요. 하지만 우리나라가 가장 이름을 알렸던 건 '벽란도'라는 항구 덕분이에요. 벽란도는 예성강 아래에 있던 국제 무역항이에요. 고려의 수도인 개경과 가까운 데다 수심이 깊어서 배가 자유롭게 드나들 수 있어서 무역의 중심지로 발전할 수 있었죠.

고려는 특히 송나라와 활발히 교역했어요. 비단과 약재, 책을 수입하고 송나라에 종이와 인삼, 나전 칠기를 수출했어요. 이외에도 거란, 여진 등에 곡식, 인삼 등을 수출하며 교류했죠. 고려의 수출품이 질이 좋다는 소문을 듣고 아라비아 상인들도 벽란도를 찾았어요. 아라비아 상인들은 수은, 향료, 산호 등을 팔았고 인삼이나 금, 비단 등을 사가기도 했어요. 아라비아 상인들이 고려를 '코리아'라고 불렀는데, 우리나라의 빼어난 수출품 덕분에 우리의 이름이 먼 곳까지 알려질 수 있었던 거예요.

작가의 말

고려의 아름다움을 간직한 고려청자의 이야기

 남쪽 끝 강진에서는 해마다 청자 축제가 열린답니다. 천 년 전 고려 때처럼 도공들은 흙을 다져 자기를 빚고 가마에서 청자를 구워 내는 과정을 선보이죠. 사람들은 고려청자의 탄생을 지켜보며 저마다 감탄을 쏟아내요. 우아한 곡선의 자태는 산과 들을 닮았고, 푸른빛은 바다와 하늘을 닮은 완벽한 예술품이기 때문이지요.

 '편안한 나루'라는 뜻인 강진이 고려청자로 유명했던 이유가 있답니다. 흔히 고려청자를 흙과 불 그리고 인간이 하나가 되어 만들어 내는 최고의 예술품이라고 합니다. 청자를 빚기에 알맞은 흙이 있어야 하고, 가마에서 구워야 할 나무가 많아야 하고, 예술적 기품이 넘치는 장인들이 많아야 하는데 그런 조건들을 두루 갖춘 곳이 바로 강진입니다. 더군다나 청자를 수도인 개성으로 실어 나르는 바다까지 가까워서 안성맞춤이었죠.

 사실, 고려청자는 천 년 동안 잊힌 슬픔을 겪었답니다. 고려 때 절정에 다다랐다가 조선으로 들어가면서 점점 쇠퇴했기 때문이지요. 도자기를 굽는 가마가 있었던 강진도 마찬가지였어요. 논밭에서 청자 조각들이 무더기로 쏟아지고, 청자를 굽는 가마터가 발견되고부터야 사람들은 강진이 고려청자의 산

실이었다는 것을 다시 깨닫게 되었죠. 그 후부터 강진의 도예가들은 옛 고려 도공의 후손답게 고려청자의 재현에 힘썼고, 결국 성공했답니다.

이 책은 간송 미술관에서 소장하고 있는 '청자 상감 운학문 매병'의 이야기로 시작됩니다. 매병에는 여러 마리의 학이 새겨져 있는데, 그중 한 마리가 우리를 천 년 전 고려로 이끌고 가서 이야기를 전해주는 방식이죠.

이야기를 듣다 보면 고려청자가 독자적인 우리의 기술을 통해 한층 더 발전하고 세계 최고가 되기까지의 과정을 알 수 있을 거예요. 그리고 이런 발전 과정을 읽다 보면 자연스럽게 고려의 역사를 배우게 되는 놀라움도 발견하게 될 것입니다. 왜냐하면 모든 문화는 그 시대의 정치, 사회, 경제적 상황과 톱니바퀴처럼 맞물려 돌아간다는 진리가 깃들어 있기 때문이지요.

케이 팝, 케이 드라마 같은 말을 들어 보았나요? 가요나 드라마 그리고 영화 같은 문화 콘텐츠 앞에 'K'가 붙은 걸 알 수 있을 거예요. 'K'는 'KOREA'의 앞글자인데, 우리 대한민국의 문화가 세계에서 유행을 이끌어 나갈 정도로 독창적이고 우수하다는 뜻을 나타낸 것이랍니다. 바로 청자 앞에 자랑스러운 역사, 천 년의 '고려'가 붙어 '고려청자'가 된 것처럼요. 어쩌면 지금의 세계적인 한국 문화 콘텐츠 열풍은 이미 천 년 전 고려 때부터 시작되었던 것이 아닐까요?

눈처럼 새하얀 배꽃 밭에서
김해등 씀

헤어지기 전에 우리 한 가지만 약속해.
문화가 나라를 지킨다는
'문화 보국'이란 말은
절대 잊지 않기로 말이야!